L'ARISTOCRATIE DES JOURNAUX

ET

LE SUFFRAGE UNIVERSEL

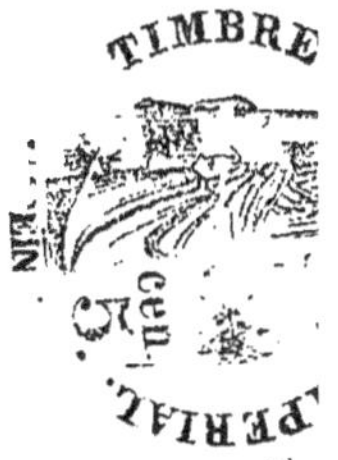

L'ARISTOCRATIE DES JOURNAUX

ET LE

SUFFRAGE UNIVERSEL

« On 'sait l'espèce de fascination presque
« irrésistible qu'exerce un journal quotidien
« sur les esprits faibles, surtout sur les
« hommes qui n'en lisent qu'un. »

(RAPPORT de M. Guillaumin *sur l'élection*
de M. Curé.)

PARIS

IMPRIMERIE JOUAUST ET FILS

RUE SAINT-HONORÉ, 338

1864

L'ARISTOCRATIE DES JOURNAUX

ET LE

SUFFRAGE UNIVERSEL

Dans un pays comme le nôtre, le seul en Europe où l'universalité des citoyens soit apte à faire valoir et à exercer ses droits politiques, il peut sembler paradoxal que le mot aristocratie vienne sous la plume, et s'applique à une classe particulière de citoyens ; et cependant rien n'est plus vrai, l'aristocratie, que l'on croyait disparue, renaît sous une autre forme. Aujourd'hui, en effet, le droit complet, absolu, qu'a chaque membre de la cité d'apprécier et de faire prévaloir son opinion par la désignation du candidat qui semble mériter sa confiance, est annihilé en fait par le droit abusif que se sont arrogé les journaux de l'opposition de diriger le suffrage universel. Sous l'apparent prétexte du besoin de se concerter, ces prétendus organes de l'opinion publique régentent électeurs et éligibles, et les font passer sous les fourches caudines de leurs conditions. Comment se fait-il que le peuple réputé le plus spirituel de la terre, et surtout le plus fier et le plus rebelle à la discipline, se soit ainsi laissé mater par une coalition d'écrivains dont il ignore l'honorabilité et les antécédents? Comment se fait-il qu'il courbe la tête sous un joug qu'il devrait répudier et détester? C'est ce qu'il importe de rechercher, car l'effet produit par ce phénomène est un des plus curieux qu'il soit permis d'étudier et d'approfondir.

Le moyen est assez singulier, et mérite d'être signalé : il consiste, d'une part, à crier bien haut, bien fort, sur tous les tons, de manière à être entendu de la foule, le mot liberté ; à amplifier le sens de ce mot pour faire croire à tous, et surtout aux simples, qu'il renferme une panacée universelle propre à guérir les maux de l'humanité ; et, d'une autre part, à se poser, eux, les écrivains prétendus sacrifiés, en victimes d'un pouvoir soupçonneux, tracassier et jaloux, qui empêche la diffusion des lumières ; de telle sorte qu'avec l'interversion des rôles qui résulte de ce perpétuel contraste, le pouvoir est comme l'obstacle permanent à l'amélioration des destinées humaines, et la presse l'initiatrice de tous les progrès sociaux, et le creuset obligé dans lequel doivent s'élaborer les ferments d'un ordre meilleur.

De pareils sophismes, reproduits quotidiennement, ont profondément dépravé le sens moral des classes élevées de la société, et oblitéré l'esprit public en général. Heureusement, les masses, dans les campagnes surtout, sont encore à l'abri de la contagion produite par cette triste école. Eh bien, il est temps enfin de combattre ces funestes tendances, de saisir corps à corps cette prétendue perfectibilité produite par les enseignements de la presse, et de faire voir et sentir que tout ceci n'est qu'une fantasmagorie produite par des écrivains sans qualité, qui se sont constitués les directeurs de l'opinion publique. Non, et nous le disons hautement, parce que c'est là le point capital de la question, la presse périodique, dans les conditions où elle s'exerce en ce moment en France, n'est pas le flambeau qui doit guider les générations nouvelles dans les voies qui s'ouvrent devant elles; cette mission est échue au pouvoir, et l'Empereur, qui est investi de la direction suprême de notre époque, a fait trop noble usage et trop intelligent emploi de ses prérogatives pour que nous laissions usurper par d'autres le monopole des idées neuves et hardies susceptibles d'être appliquées.

Mais c'est ici que se révèle surtout le sophisme qui tend à égarer et à perdre les esprits les plus droits : le pouvoir, dit-on, n'est pas universel et a besoin surtout de correctif pour redresser les erreurs qu'il peut commettre. Cette assertion, prise dans un sens absolu et présentée d'une manière tranchante, fascine à première vue les esprits superficiels. Mais d'abord, est-ce que le pouvoir de l'Empereur est sans limites? Ce dernier n'a-t-il pas spontanément mis des bornes à son autorité lorsqu'en 1851 il a émis l'appel au peuple? N'a-t-il pas, avec cette approbation presque unanime, institué le Sénat, dont l'inamovibilité garantit l'indépendance, et le Corps législatif, dont l'origine populaire est la même que la sienne? N'a-t-il pas, le 24 novembre 1860, alors que personne ne s'y attendait, élargi le cadre de la discussion des affaires publiques, et n'a-t-il pas provoqué des mesures restrictives de son autorité en matière financière par le sénatus-consulte de 1861?

Indépendamment de ces garanties, la mission de la presse pourrait cependant être utile encore si elle s'exerçait chez nous dans les conditions où elle se pratique dans les pays voisins, et si, ne s'inspirant que du bien public, elle n'avait d'autre but que de signaler au pouvoir les erreurs inséparables de la conduite des affaires humaines. Mais tel n'est point en général son objectif : dirigée habilement et sous l'influence occulte des divers partis qui à des époques différentes ont gouverné la France, elle n'a souvent d'autre mobile que de ressusciter un passé impossible, et de faire prévaloir, par une polémique habile, les combinaisons qui en différents temps et à différentes époques ont prédominé chez nous.

C'est l'existence, dans la presse périodique, de ce caractère mixte de contrôle apparent et de dénigrement systématique, qui fait sa faiblesse vis-à-vis des honnêtes gens ; le voile transparent qui trahit les secrets désirs des partis se soulève à chaque instant dans ses colonnes, et laisse entrevoir leurs projets insensés, qui ne s'arrêteraient pas devant un bouleversement nouveau pour faire renaître un passé plusieurs fois condamné. On comprend facilement qu'avec l'imperfectibilité inhérente à la nature humaine, nul ne peut embrasser tous les côtés d'une question, et que, par conséquent, des erreurs possibles peuvent être redressées ; mais, pour que les conseils soient efficaces et aient chance d'être entendus, il est essentiel d'abord que les donneurs de conseil aient intérêt à la conservation de la chose, et ensuite que leurs connaissances pratiques soient de nature à exercer un contrôle sérieux sur les actes susceptibles d'être réformés. Or ni l'une ni l'autre de ces conditions ne se rencontrent habituellement dans les données actuelles de la presse périodique. La plupart de ses rédacteurs ont un pied dans le camp ennemi, et, d'une autre part, tous ou presque tous manquent des connaissances spéciales indispensables pour élucider les questions pratiques : nourris d'études purement spéculatives, ils ne considèrent la société humaine qu'à travers le prisme trompeur des études théoriques, et lorsqu'il s'agit de l'application, leurs moyens sont presque toujours hors de proportion avec les abus qu'ils prétendent réformer. De cette anomalie constante entre la théorie et les faits résulte un enseignement qui ne tend en général qu'à fausser l'esprit des lecteurs, ou à les faire vivre dans un tout autre monde que le monde réel. Aussi remarque-t-on que dans quelques circonstances bien rares, les journalistes qui ont réussi à percer et à marquer dans les affaires publiques sont ceux qui, par le maniement des intérêts publics ou privés, ont réussi à rectifier les idées préconçues qui jusque-là avaient faussé leur jugement. Ce n'est qu'au contact des affaires positives qu'ils ont pu s'assurer de l'inanité de leurs prétendus moyens de perfectibilité indéfinie. A des froissements de chaque jour, ils ont pu reconnaître le danger d'élucubrations nées de cerveaux déréglés et sans frein.

De ce qui précède il ressort que la presse périodique exerce abusivement sur la masse du public une influence immense, presque toujours sans contre-poids, souvent mauvaise, et beaucoup plus puissante que celle du pouvoir quel qu'il soit. C'est la goutte d'eau tombant sur la pierre, et finissant par la percer. Tandis que ce n'est qu'à de certains jours et dans de certaines circonstances que le lecteur est mis en rapport avec l'autorité, le journal vient quotidiennement, au foyer de l'abonné, lui retourner sur toutes les faces les différents côtés d'une même question. Ce contact incessant l'étreint dans les liens d'une dialectique serrée, continue, indéfinissable. Ce n'est pas, comme dans le livre, l'action individuelle et accidentelle d'un auteur sur le lecteur : c'est un parti qui, par l'incarnation d'un chiffon de papier, vous tient dans les fils invisibles d'une domination absolue ; par un inévitable enchaînement ce dur despotisme que le journal fait subir à ses abonnés est imposé aux rédacteurs individuellement par la direction supérieure du journal, qui ne leur laisse pas la liberté de leurs appréciations, si par hasard ils voulaient dévier d'une ligne presque toujours tracée d'avance ; il faut avant tout que chaque journal conquière des abonnés ; c'est là le point capital, important, devant lequel tout doit céder.

Pour atteindre ce but suprême, il faut essayer de faire trace dans l'opinion, et comme moyen d'y parvenir il faut sans cesse harceler le pouvoir et ses agents, grossir leurs fautes, amoindrir leurs mérites, suspecter leurs intentions, ne rien laisser dans l'ombre ; quand une question s'apaise et semble vouloir sommeiller, il faut savoir la réveiller à propos par de faux bruit ou de perfides insinuations. Pour le journalisme, le calme, c'est la mort ; il ne vivrait pas dans l'atmosphère douce et sereine d'une société bien ordonnée. Pareil aux oiseaux des mers, la tempête est son élément, et il éloigne de tous ses vœux le moment où le navire pourrait rentrer dans le port et y trouver la tranquillité.

Pour justifier une semblable ingérence dans les affaires de la cité, le spirituel auteur de *Paris en Amérique* fait du journalisme est une espèce de sacerdoce. Dans sa pensée, le journaliste est un redresseur universel des torts ; s'armant de la foudre vengeresse des saintes colères, il signale tous les abus, il flétrit les mauvaises actions ; en un mot, il est le gardien obligé du foyer domestique et son plus ferme appui contre des empiétements illégaux. Un pareil tableau est purement de fantaisie. D'abord, où le journaliste a-t-il puisé le droit de se poser en redresseur de torts ? qui est-il ? où sont ses titres ? Quel est son titre de supériorité sur ceux qu'il prétend guider ? Qui peut garantir l'indépendance de son caractère et l'élévation de ses sentiments ? A-t-il marqué les débuts de sa carrière par un stage qui me donne confiance dans ses lumières ? Il a, dites-vous, d'excellentes intentions ? Mais cela suffit - il ? N'est-il pas susceptible de se tromper et d'être trompé lui-même ? Où puise-t-il ses moyens d'information, où est le contrôle sérieux des faits qu'il annonce au public, et que malheureusement ce dernier accepte trop souvent comme véridiques ? Ne s'expose-t-il pas souvent à induire ses lecteurs en erreur par une précipitation intempestive ? Présenter le journalisme comme le seul moyen de réfréner les mauvaises passions est un abus de langage digne tout au plus de servir de thème à un rhétoricien.

On me dira : Mais vous voulez donc revenir en arrière, méconnaître les progrès incessants de l'esprit humain, vanter l'ancien régime et ses abus sans contrôle, enfin nous replacer dans la position où nous étions avant la première révolution ? Je répondrai résolûment que non, que nul plus que moi n'est partisan des principes qui ont triomphé en 1789. J'adhère à ces principes de toutes les forces de mon âme, pénétré que je suis de leur excellence et des sacrifices immenses qu'ils ont coûté à nos pères. Mais précisément à cause de ces sacrifices, je ne désire pas voir se renouveler les cruelles épreuves de nos ancêtres. Il faut distinguer l'or de l'alliage et ne pas chercher continuellement à remettre tout en fusion. D'ailleurs, pourquoi rentrer toujours dans les mêmes errements? Les abus qui ont été détruits naguère ne sauraient revivre. Galvanisez un corps mort, mais vous ne le rendrez jamais à la vie.

Nous possédons le bienfait inestimable de l'égalité civile et politique, et tous les avantages qui en sont la conséquence; mais ce n'est pas à la presse seule que nous en sommes redevables, ainsi qu'on nous le répète à tort tous les jours : son intervention dans la discussion des affaires publiques a même plutôt abaissé qu'élevé le niveau des connaissances intellectuelles, par la grande habitude que bien des gens ont prise d'accepter l'opinion de leur journal, au lieu de s'en faire une en lisant attentivement des ouvrages sérieux et longuement médités. Si les bienfaits de la révolution n'eussent pas été consolidés par la main ferme du Premier Consul, nous nous serions abîmés, à la fin du siècle dernier, dans une anarchie sans terme, produite principalement par le dévergondage des journaux. Leur polémique avait été utile, au début de la révolution, pour saper les fondements de l'ordre ancien ; mais elle eût été impuissante à conserver l'œuvre laborieusement édifiée. Il a fallu, pour y arriver, la puissante volonté de Bonaparte unie à la suppression de la plupart des feuilles périodiques de cette époque. Ce qui s'est produit alors se renouvellera toujours : instrument de désagrégation par excellence, la presse ne saurait être un instrument de réédification.

A peine débarrassée des entraves du régime impérial, la presse a recommencé, sous la Restauration, une guerre incessante contre le pouvoir. Fondée dans ses critiques, lorsqu'elle flétrissait les idées rétrogrades que la branche aînée imposait à la France, et qu'elle s'opposait aux empiétements impolitiques du clergé, elle dépassait sans cesse le but, et, par des insinuations détournées et malveillantes, tendait à relâcher tous les liens sociaux. Un de ses rédacteurs influents disait en parlant des Bourbons gouvernant alors : Nous les enfermerons dans la Charte pour les faire sauter. De pareils principes portèrent leurs fruits.

A peine la monarchie de 1830 fut-elle intronisée que les journalistes firent à leurs anciens coreligionnaires investis du pouvoir la guerre la plus impitoyable, la plus acharnée. Qui n'a lu les articles furibonds de la *Tribune* et du *National* avant 1834? Le dégoût naît à chaque in-

stant en compulsant les collections de cette époque. Il a fallu des lois sévères, créées par le souve-
nir d'un exécrable attentat, pour réprimer de pareils
débordements. Sous la législation antérieure à
1835, les attaques des journaux étaient d'une nature telle que le pouvoir d'alors n'eût vécu que
quelques années s'il eût pratiqué, comme on le con-
seille aujourd'hui, la doctrine du laissez faire et du
laissez parler. Vers la fin du règne de Louis-Phi-
lippe, la presse a aidé à la divulgation des idées
socialistes; dans la fameuse campagne des ban-
quets, elle a été l'auxiliaire constant de cette opposition subversive qui ne voyait pas la républi-
que derrière la réforme électorale. Qui ne se sou-
vient de la licence effrénée produite dans le journalisme par la catastrophe de 1848? Ce fut pendant
plusieurs mois une orgie sans nom, qui eut pour
conséquence les sanglantes journées de juin. On
vit alors les anciens rédacteurs du *National*, investis d'un pouvoir éphémère, faire la répression la
plus impitoyable qui eût jamais existé; ceux qui
avaient tant réclamé contre l'état de siége de 1832
firent transporter sans jugement des milliers de
malheureux que leurs théories insensées avaient
égarés et fanatisés. Dans le court intervalle qui sé-
para février de juin 1848, on était arrivé à ce point
que le mouvement ne se personnifiait plus dans des

noms propres; le désordre était devenu anonyme, à l'exemple des journaux qui, avec leurs rédacteurs innommés, poussaient les ouvriers sur les barricades.

Issu, le 10 décembre, d'une immense acclamation, le prince Napoléon fut constamment combattu, pendant l'ère présidentielle, par la majorité des journaux de toute nuance. Pour empêcher le calme de renaître et assurer l'avénement de leurs patrons, ils ne reculèrent pas devant les désordres que devait enfanter la fatale échéance de mai 1852. Hommes de parti avant tout, la plupart des journalistes eussent sacrifié l'avenir de la France à l'expérimentation de leurs vaines théories. Heureusement que le 2 décembre vint déjouer les folles espérances de ces cerveaux malades. Un régime plus en harmonie avec les véritables besoins de la société surgit enfin et rendit à l'autorité le prestige dont elle avait tant besoin. Le décret du 17 février 1852 fut l'un des bienfaits qui apaisèrent les ferments de discorde que la presse tendait sans cesse à agiter; ses dispositions ont suffi pour replacer le pouvoir à la hauteur où il doit constamment se maintenir pour exercer une influence salutaire sur les destinées de la nation.

Après une longue période de tranquillité, grâce à la législation sur la presse, l'Empereur, par une généreuse initiative, relâcha spontanément quelques liens de son autorité. Soudain méconnaissant la grandeur de cette initiative et oubliant tout sentiment de reconnaissance, les journaux de l'opposition recommencèrent leur polémique de mauvaise foi tendant à désaffectionner les sujets de leur souverain. Aux dernières élections du Corps législatif, tout a été mis en œuvre pour former une coalition de tous hommes notoirement hostiles à l'Empereur. Les candidats hostiles ont mis aux voix, dans une réunion préalable, la question du serment, comme si le serment était une question de délibération. Lorsqu'elle a été résolue affirmativement, les journaux, sans souci des votes ultérieurs de leurs candidats, ont réussi à dresser une liste où se sont trouvés confondus dans une commune haine contre l'Empire les partisans de la paix et les partisans de la guerre, l'auteur des lois de septembre et ceux qui les ont combattues et abrogées. L'essentiel, disait le journal *la Presse*, c'est que la liste passe tout entière. Vous l'avez entendu, électeurs, oui, tout entière. Votre libre arbitre a dû s'incliner devant la désignation de messieurs les journalistes réunis en conclave. Mettre un nom au lieu d'un autre eût été un acte d'indépendance, et ils ne l'entendaient pas ainsi; il leur fallait une masse homogène de combattants pour monter à l'assaut du pouvoir, sauf à ceux-ci, après la victoire, à se déchirer comme toujours pour le partage des dépouilles du vaincu.

De tels desseins, si jamais ils ont germé dans quelques esprits faibles et incomplets, seront certainement confondus, mais il ne faut pas que le pouvoir s'endorme dans une fausse sécurité; il ne faut pas qu'il désarme, qu'il écoute ses adversaires lorsque ceux-ci veulent l'amener à des concessions. Ce sont des flatteries intéressées pour le priver de ses soutiens naturels et dévoués et le livrer vaincu et humilié aux insultes des factions. Le lendemain d'une première concession, la presse en demande une seconde; sans trêve ni merci, elle exalte le tribun du jour et dénigre celui de la veille. Après avoir loué Bailly, elle applaudit à son supplice; elle flétrit Charlotte Corday et verse des pleurs hypocrites sur la mort de Marat; elle encense tous les jours Victor Hugo après l'avoir bafoué lorsqu'il était le champion de la légitimité (il est vrai que ce dernier a racheté son passé par d'injurieux pamphlets dirigés contre l'Empereur, et s'est ainsi réhabilité dans l'opinion des écrivains démocratiques). Ne s'arrêter jamais, même lorsqu'on se heurte à des impossibilités, tel est le langage habituel de la presse, de cette presse parisienne surtout, où l'équilibre entre l'attaque et la défense est rompu, puisque pour deux journaux qui soutiennent le pouvoir, on en compte douze ou quatorze qui le dénigrent plus ou moins ouvertement. Un pareil état de choses n'est pas tolérable et ne peut se perpétuer qu'au détriment des intérêts les plus sacrés de la société. Il faut faire sentir la main sous laquelle tous les citoyens doivent fléchir, les journalistes comme les autres ; il faut faire comprendre aux contempteurs de toute autorité que l'impunité ne saurait être le privilége de l'audace, et que devant la loi tous doivent s'incliner. Si on n'agit pas ainsi, et si dès aujourd'hui on ne refrène ces instincts mauvais qui tendent de plus en plus à se faire jour dans les colonnes de la presse périodique, cette dernière pervertira le corps électoral, et certainement nous aurons aux prochaines élections législatives une chambre fidèle image de celle dis soute le 2 décembre 1851 ; pêle-mêle d'ambitions insensées et cupides, qui mettraient encore une fois tout en question. A cette époque on accusait M. Romieu d'évoquer le spectre rouge, les journaux riaient de ses terreurs imaginaires. Les événements de décembre 1851 lui ont donné raison. L'effroyable cataclysme, prévenu à temps, s'est montré dans sa nudité. La presse, complice intéressée des forfaits qui nous ont attristés si profondément, a dû être suspendue à Paris et dans beaucoup de départements. Évitons donc par une législation juste, mais sévère, le renouvellement de pareilles horreurs, fomentées par une cause toujours renaissante.

Qu'on ne dise pas que ces moyens de coercition sont demandés pour perpétuer un état de choses qui favorise le riche au détriment du pauvre. Cette assertion serait une calomnie : ce qui tourne toujours au détriment des pauvres, c'est l'agitation factice que tend à entretenir la presse périodique non réglementée ; c'est l'élévation du taux de l'intérêt de l'argent qui se produit toujours quand les passions politiques s'agitent, c'est le malaise produit dans les esprits par la crainte de l'avenir, que la presse tend toujours à faire envisager comme précaire et incertain ; c'est enfin, et comme conséquence des causes qui viennent d'être énumérées, les révolutions venant périodiquement en France jeter instantanément sur le pavé de nos grandes villes une foule de malheureux prolétaires qui, le lendemain de ces prétendues rénovations sociales, sont sans pain ainsi que leurs familles. Il faut qu'on se pénètre bien que, si l'ordre est dans l'intérêt du riche, il est encore bien plus dans l'intérêt du pauvre. Dans ces crises fatales produites par l'irréflexion des uns et le fanatisme froidement réfléchi des autres, le riche vit mesquinement sans doute, mais il vit toujours, car son revenu amoindri est encore au-dessus de l'indispensable. Mais le pauvre, lui, que devient-il? Après avoir épuisé ses faibles économies, on lui donne à titre de consolation un travail dérisoire. Le trésor à sec faisant bientôt comprendre l'impossibilité de continuer un pareil système, on est forcé de dissoudre les ateliers nationaux, et la conséquence de cette mesure a pour résultat de jeter les ouvriers sur les barricades d'abord, sur les pontons ensuite. Quand le calme renaît, l'avocat retrouve sa clientèle, le journaliste ses abonnés. Les propriétés, un instant avilies, retrouvent leur valeur en enrichissant d'habiles spéculateurs; mais l'ouvrier, que retrouve-t-il? Sa femme morte de faim et ses enfants dispersés. De pareils spectacles, renouvelés plusieurs fois depuis le commencement du siècle, devraient faire réfléchir les fauteurs de désordre et leurs amis les journalistes. Mais de semblables résultats sont trop au-dessous d'eux pour qu'ils daignent s'en occuper; ce à quoi ils pensent avant tout, ce qu'ils préconisent sans cesse, c'est *la liberté*. Ils oublient donc que la liberté, mot vain et sonore, arme à deux tranchants, enseigne des factieux dans tous les temps et sous tous les régimes, n'est qu'un moyen, et non un but; que ce qui est indispensable, c'est la confiance, c'est-à-dire

la certitude du lendemain ; que sans cette condition,
préliminaire à toute organisation sociale, la société
dégénère, languit et meurt. D'ailleurs, là n'est point
aujourd'hui le côté délicat de la question : les ré-
formes libérales demandées avec tant d'instances
ne sont point ce qui intéresse les prolétaires ; leur
grand souci, c'est la grande révolution économique
qui, ayant fait hausser le prix de toutes choses,
rompt tous les jours l'équilibre entre le salaire et
les dépenses indispensables. Méditer sans cesse sur
ce problème et sur les conséquences qu'il peut enfanter doit être le souci des gouvernements. Conci-
lier le capital et le travail pour les faire marcher
d'accord est la grande difficulté de l'époque ; mais
se préoccuper de la liberté politique, avant tout,
ressemblerait à la folie de celui qui organiserait les
rouages d'un moulin sans songer à faire venir l'eau
qui doit lui donner le mouvement. La sécurité,
c'est la condition indispensable pour attirer le capital, et le capital, c'est le moteur sans lequel tout
s'arrête. Notre idéal est donc la sécurité unie à la
liberté contenue et définie, et la satisfaction la plus
large possible donnée à ceux qui travaillent et souf-
frent, et c'est parce que nous pensons que la mauvaise presse tend sans cesse à altérer cet idéal
que nous combattons sa pernicieuse influence de
toutes nos forces.

Si une réforme inclinant vers le sens libéral
devait s'opérer dans nos institutions, il faudrait
que cette réforme fût la conséquence de nos mœurs,
et non des lois ; que le parti qui en prendrait l'initiative donnât l'exemple du désintéressement, de
l'abnégation et de la générosité ; que par ses antécédents ce parti inspirât la certitude qu'aussitôt
arrivé au pouvoir, les récompenses et les honneurs
seraient acccordés, non à la faveur, mais au mérite,
au travail, à la probité, à l'intelligence. Tant que
le parti prétendu avancé ne prêchera pas par
l'exemple, ses enseignements risqueront de se
perdre comme une passagère fumée. Malheureusement pour lui, la leçon de 1848 est encore présente à tous les esprits : nous avons vu alors les
républicains de la veille donner l'exemple de
l'âpreté pour les places, sans la capacité nécessaire
pour les remplir ; nous avons vu les commissaires
du gouvernement ne songer qu'à se faire élire ou
à faire élire leurs parents à la représentation natio-
nale. De tant de pompeuses promesses qu'est-il ré-
sulté ? Rien, absolument rien ! Ainsi s'est faite la
démonstration de cette belle parole de Napoléon III : « Quand une révolution est dans le vrai,
« elle produit de grands hommes et de grandes
« choses, et quand elle est dans le faux, elle ne
« produit que du bruit et des larmes. » Non, l'idée

des améliorations sociales n'appartient pas exclusivement aux novateurs théoriques ; elle est plus réellement du domaine des hommes pratiques qui, au fur et à mesure qu'un besoin se révèle, cherchent à faire naître le remède qui lui convient.

Cette ardeur constante pour les libertés exclusivement politiques, notamment pour la liberté de la presse et la liberté de réunion, serait incompréhensible si elle ne décelait de secrets désirs qui n'osent se produire au grand jour. Au contraire, ne devrions-nous point songer, avant tout, aux libertés civiles, dont l'application n'entraînerait aucun danger ? Qui a jamais prétendu que tout fût pour le mieux dans le meilleur des mondes ? La liberté de l'intérêt de l'argent, la liberté des offices, la liberté sous caution en matière de détention préventive, sont susceptibles d'être étudiées et peuvent être améliorées. C'est sur l'étude de ces libertés que nos novateurs devraient s'appesantir, et non sur des libertés dont l'usage serait d'incendier, au lieu d'éclairer ; libertés usées, et que l'expérience a démontrées incompatibles avec le caractère incandescent du peuple français.

Dans leur ardeur à propager la liberté de la presse, ses adeptes vont chercher des modèles dans les pays voisins ; ils ne sont jamais de leur temps ni de leur pays. L'Angleterre sert presque toujours d'exemple. Autrefois, elle partageait cette bonne fortune avec les Etats-Unis ; mais depuis que ce dernier pays s'abîme dans une lutte impie et fratricide, on n'en parle plus et on se rabat sur l'Angleterre, sans examiner si elle est ou non dans des conditions sociales identiques aux nôtres. Mais cela a été dit mille et mille fois et jamais réfuté sérieusement. L'Angleterre est dans une position insulaire exceptionnelle ; elle peut laisser dire sans danger, car les efforts de la presse influent peu sur la marche du gouvernement. Une aristocratie puissante gouverne depuis des siècles ; elle laisse les honneurs du pouvoir à la royauté, mais elle exerce réellement l'autorité. Ayant des racines dans le passé, assurée de l'avenir par le droit d'aînesse et les substitutions, elle marche sans souci de la presse, qui jette un feu bientôt éteint. Ce rôle est si bien senti chez nous que le *Siècle* disait dernièrement que la presse en Angleterre jouissait plutôt des apparences de la liberté que de la liberté elle-même. Aveu précieux de la part d'un journal qui prêche sans cesse l'application en grand des idées prétendues libérales et l'expérimentation des plus dangereuses théories.

Le rôle réservé par l'aristocratie en Angleterre a été et est encore rempli en France par la royauté.

Luttant avec le peuple contre l'aristocratie, elle a
été l'initiatrice de tous les progrès ; elle résume
l'unité territoriale et politique, conquise par de
longs labeurs et qui fait notre plus grande force.
Au commencement de ce siècle, les rameaux
d'une nouvelle dynastie ont germé sur un vieux
tronc ; mieux adaptée aux besoins du siècle, la
royauté a su s'assouplir aux exigences des temps
modernes. L'Empereur a su comprendre qu'aujourd'hui les évolutions politiques sont hors de
saison, que les faits économiques jouent un rôle
considérable dans l'organisation des sociétés nouvelles ; voilà pourquoi il a reporté vers cet ordre
d'idées les tendances libérales qui seraient un
non-sens et un danger appliquées à la politique.
Mais pour que le développement des idées libérales
continue à progresser dans ce sens, il est indispensable que le pouvoir soit libre dans ses mouve-
ments et ne soit pas contrecarré à chaque instant
par de puériles taquineries. D'ailleurs, le principe
de responsabilité personnelle, que l'Empereur a si
sagement inscrit dans la constitution, est un sûr
garant du sentiment de conservation qu'il appor-
tera à l'amélioration de la chose commune. Ce sentiment est plus fécond dans ses conséquences et
présente plus de garanties que la responsabilité
illusoire d'écrivains qui, rédigeant un journal au-

jourd'hui, disparaissent demain, sans que le public même s'en inquiète.

Si, s'inspirant des idées qui viennent d'être émises et développées, le pouvoir veut prévenir des commotions nouvelles, il faut qu'il résiste à cet entraînement libéral, plus factice que réel, dont on nous entretient chaque jour. Pour arrêter cet entraînement, qui ne produirait que des résultats stériles, il faut qu'il use plus largement que par le passé du droit d'avertissement et de suppression qu'il tient de l'article 32 du décret du 17 février 1852, droit précieux qu'il ne faut laisser ni péricliter ni tomber en désuétude.

D'autres mesures seraient encore à prendre et devraient être soumises aux grands corps de l'Etat, qui, nous n'en doutons pas, s'empresseraient de les adopter.

Il faudrait :

1° Elever les droits de timbre perçus actuellement sur les journaux.

Depuis dix ans, les dépenses de l'Etat se sont sensiblement accrues ; elles ont été motivées principalement par des guerres auxquelles la presse a donné son adhésion ; il est donc juste qu'elle supporte une part proportionnelle dans les charges nouvelles, alors surtout que d'autres impôts ont subi et subiront encore de nouvelles augmentations dans leur quotité. Le timbre de dimension ayant été augmenté l'année dernière, ce ne serait que de la justice distributive étendue à tous les contribuables. Cette aggravation aurait d'ailleurs pour conséquence de faire réfléchir les journalistes qui veulent nous lancer inconsidérément dans une guerre générale, sans s'occuper des voies et moyens indispensables pour faire face à l'augmentation de la dette publique.

2° Que tout citoyen eût le droit, quand il est nommé ou attaqué par un journal, de faire paraître sa réponse le lendemain, en vertu d'une ordonnance de référé, si le président juge cette réponse nécessaire à la considération de la personne lésée.

Les particuliers jouiraient ainsi, avec l'intervention éclairée de la justice, du droit de communiqué qui a été si pertinemment attribué au Gouvernement par l'article 19 du décret de février 1852. L'honneur d'un citoyen est sacré, comme la chose publique elle-même ; il doit pouvoir se défendre sans avoir besoin de recourir à un procès long et dispendieux, dont le plus grand inconvénient est de se terminer longtemps après que le coup a été porté.

3° Que, comme correctif à l'article 9 du décret du 2 février 1852, tout individu attaqué dans un discours prononcé au Corps législatif eût le droit, en vertu d'une décision du bureau de ce Corps, de faire une rectification des faits inexacts, controuvés ou travestis.

De cette manière, les membres du Corps législatif, qui jouissent du privilége de l'irresponsabilité au point de vue de la répression pénale, voyant leurs assertions susceptibles d'être rectifiées, seraient plus circonspects pour les produire, et la défense serait sur le même plan que l'attaque au point de vue de la publicité.

4° Que dans les journaux publiés dans les villes ayant plus de 100,000 habitants, le compte rendu des débats législatifs fût supprimé et que ces journaux n'eussent le droit de reproduire les séances que d'après le *Moniteur*.

Dans l'état actuel, les questions sont souvent envenimées à l'avance par la presse. Quand l'occasion se présente pour les organes du Gouvernement de rétablir l'exactitude des faits, le public n'a d'autre guide qu'un compte rendu tronqué et incomplet. Pourquoi n'aurait-on point sous les yeux l'attaque et la réponse dans toute leur étendue ? Le pouvoir n'a la faculté de parler qu'à certaines heures et à certains moments ; il serait bon que ces journaux reproduisissent intégralement la réponse à leurs attaques quotidiennes. Cette mesure, appliquée à des journaux puissants par le nombre de leurs abonnés, aurait pour conséquence de faire connaître toute la vérité aux habitants des grandes villes, qui ont plus de loisir que ceux des campagnes pour lire les débats législatifs.

5° Supprimer complétement, absolument, l'appréciation des séances.

Les journalistes abusent de ce droit pour délayer l'analyse des discours des orateurs de l'opposition et laisser dans l'ombre ceux des soutiens du pouvoir. D'ailleurs son exercice est une source intarissable de récriminations qu'il faut faire cesser.

6° Rendre les journalistes inéligibles au Corps législatif dans le département où se publie leur journal, et dans le cas de démission ou de changement de résidence, il faudrait que cette inéligibilité subsistât six mois après le changement de position, comme cela se pratique pour les préfets et autres fonctionnaires dénommés dans l'article 30 du décret du 2 février 1852.

On comprend facilement quelle influence considérable exerce un journaliste sur sa clientèle dans son département, et l'avantage que confère au rédacteur d'un journal la possibilité qu'il a de se mettre constamment en rapport avec le public. De cet état de choses naît un privilége à l'égard des autres citoyens. Dans de semblables conditions, la lutte ne saurait être égale, de récents exemples ont démontré la vérité de cette assertion.

Les mesures que nous venons d'énumérer, et dont nous demandons l'application, serviraient à arrêter les ravages de la mauvaise presse, et elles atténueraient l'excès du mal qui se produit tous les jours. Nous ne prétendons point qu'elles devraient être le dernier mot de la législation sur cette matière, mais chaque jour a sa tâche; en signalant aujourd'hui le danger, la nôtre est remplie. N'ayant pour mobile que l'intérêt public, nous croyons qu'il est dangereux de s'endormir dans une fausse sécurité, sécurité toujours funeste, car du calme trompeur du jour naît le péril du lendemain; l'ordre matériel n'importe point seulement aux sociétés pour qu'elles progressent et marchent, il faut encore que l'anarchie ne règne point dans les esprits. En combattant cette anarchie lorsqu'elle se réfugie dans la presse, nous avons cru accomplir un devoir, et nous espérons que notre voix ne sera point étouffée par des clameurs intéressées.

7134. — Paris, imprimerie de Jouaust et fils, rue Saint-Honoré, 338.